AF648660

SingLiesel

Satz: Röser MEDIA GmbH & Co. KG, Karlsruhe

Druck: FINIDR, s.r.o.
Printed in Czech Republic

ISBN 978-3-948106-25-6

2. Auflage
© 2024 SingLiesel GmbH, Karlsruhe
www.singliesel.de

Bildnachweise:
Blumen: Gizele/Shutterstock.com
Cover-Foto: Krakenimages.com/Shutterstock.com

Alle Rechte, auch die des auszugsweisen Nachdrucks, vorbehalten. Dies betrifft auch die Vervielfältigung und Übertragung einzelner Textabschnitte, Zeichnungen, Bilder oder Aufnahmen durch alle Verfahren wie Speicherung und Übertragung auf Papier oder unter Verwendung elektronischer Systeme.

Natali Mallek – Annika Schneider

RÄTSELGESCHICHTEN

INHALT

Kreuz und quer

EINFÜHRUNG

Raten hält fit! Die Rätselgeschichten in diesem Buch laden zum Knobeln und Nachdenken ein.

Lesen Sie die Geschichten langsam vor. Passen Sie die Betonung und die Pausen an die Aufnahmefähigkeit der Zuhörenden an.

Sind sie fit und im Rätseln geübt? Dann lesen Sie die Geschichte in gleichmäßigem Tempo vor, und stellen Sie die Rätselfrage, wenn die Geschichte zu Ende ist.

Fällt den Zuhörenden das Rätseln und die Nutzung des Kurzzeitgedächtnisses schwer? Dann können Sie die Rätselgeschichten auf folgende Arten vereinfachen:

- Betonen Sie die Sätze, in denen direkt Bezug auf die Frage genommen wird, stärker als andere Sätze, und nehmen Sie dabei Blickkontakt auf.
- Stellen Sie die Frage schon einmal, bevor Sie die Geschichte vorlesen. Wiederholen Sie die Frage am Ende der Geschichte.
- Wiederholen Sie die Sätze mit Hinweisen auf die Lösung, nachdem Sie am Ende der Geschichte die Frage gestellt haben.

Passen Sie die Vereinfachungsmöglichkeiten an Ihre Gruppe an und suchen Sie diejenigen aus, die für sie stimmig sind.

Viel Freude beim Rätseln wünschen

Annika Schneider und Natali Mallek

FRÜHLING

PAUSENBROT FÜR MAJA

Kerstin packte die Butterbrotdose für ihre Tochter Maja. Ein Vollkornbrot mit Schinken, das aß Maja jeden Tag, wenn sie in der Schule Frühstückspause hatte. Damit das Kind auch genug Vitamine bekam, packte Kerstin zusätzlich Obst in die Dose.

Im Winter waren das fast immer Äpfel. Doch jetzt im Frühling waren die Äpfel nicht mehr so schön. Man bekam nur noch Lagerware aus dem letzten Jahr. Die meisten Äpfel hatten schon die ein oder andere matschige Stelle und waren nicht mehr ganz knackig frisch. Kerstin nahm trotzdem einen Apfel in die Hand und wollte gerade anfangen, ihn zu schälen, um ihn in die Frühstücksdose ihrer Tochter zu legen, als Maja zu ihr in die Küche kam.

„Du, Mama, kann ich bitte, bitte die Früchte mitnehmen, die wir gestern auf dem Feld geerntet haben? Es ist doch viel zu schade, wenn die alle in der Marmelade landen, und Äpfel kann ich nach dem langen Winter wirklich nicht mehr sehen."

Kerstin runzelte die Stirn. „Weißt du, Maja, ich kann das gut verstehen. Ich freue mich auch, dass es endlich wieder frische Früchte gibt. Aber die eignen sich nicht so gut für die Frühstücksdose. Wenn du die Dose in deinem Ranzen hin und her schüttelst, dann werden die Früchte ganz schnell matschig."

Maja ließ nicht locker: „Ich werde ganz vorsichtig sein und die Dose ganz unten auf den Boden meines Ranzens legen. Außerdem mag ich die Früchte, auch wenn sie matschig sind, oder würde ich sonst die Marmelade essen, die du daraus kochst? In der Marmelade sind sie ja auch ziemlich matschig!" Kerstin musste lachen. „Na gut, überredet." Vorsichtig packte sie die roten Früchte in Majas Frühstücksdose.

Welches Obst kommt in Majas Frühstücksdose?

Lösung: Erdbeeren.

DIE GRILLSAISON IST ERÖFFNET

Horst schrubbte und schrubbte. Heute sollte das erste Mal in diesem Jahr gegrillt werden. Die Sonne lachte und es war ein Frühlingstag wie aus dem Bilderbuch. Eigentlich freute er sich sehr auf das Angrillen. Nur jetzt gerade ging ihm so mancher Fluch durch den Kopf. Wieso hatte er den Grillrost nicht letztes Jahr sauber gemacht? Der Dreck und das Fett waren richtig eingebrannt. Er schrubbte so fest, dass ihm der Schweiß von der Stirn tropfte.

Ganz vertieft in die Reinigung des Rosts, hätte er fast nicht bemerkt, dass seine Frau Johanna hinter ihm stand. „Du, Horst, probier mal dieses Spray aus. Damit habe ich den Backofen nach der Weihnachtsgans ruckzuck sauber bekommen."

Horst runzelte die Stirn. Was sollte ein Spray schaffen, was seine Muskeln nicht schafften? Doch er brauchte sowieso eine Pause. Deshalb sprühte er kurzerhand den Grill ein und der Rost verschwand unter einem weißen Schaum.

Nach einer Stunde nahm Horst einen Lappen und entfernte den Schaum. Es war wie ein Wunder. Der Dreck und das Fett verschwanden ohne jede Kraftanstrengung. Jetzt konnte er endlich mit dem Grillen anfangen! Die Würstchen hatte er extra vom Metzger geholt. Mit einem Hauch Kümmel gewürzt, würden sie himmlisch schmecken.

Sein Sohn Karl aß seit neuestem kein Fleisch mehr. Horst konnte das zwar nicht verstehen, akzeptierte die neuen Essgewohnheiten seines Sohns aber. Karl war auf dem Markt gewesen und hatte dort rote, gelbe und grüne Schoten besorgt. Zuhause hatte er die Schoten halbiert, die Gehäuse mit den kleinen Kernen entfernt und die Hälften in Streifen geschnitten. Danach hatte Karl alles mit Olivenöl beträufelt und mit Salz, Pfeffer und Knoblauch gewürzt.

Horst war immer noch skeptisch, aber egal. Nun lagen seine Würstchen und die bunten Schoten seines Sohnes nebeneinander auf dem Grill, und gleich würden sie gemeinsam schlemmen. Jeder auf seine Weise.

Was liegt neben den Würstchen auf dem Grill?

Lösung: Paprika.

PFINGSTGRUSS

Was für ein wunderschöner Pfingsttag! Josef atmete tief ein und genoss die frische Frühlingsluft. Er stand auf der Terrasse und bewunderte die Schönheit der Pflanzen und Blumen um ihn herum. Passend zu Pfingsten blühten die Pfingstrosen in voller Pracht.

Zum Mittagessen würde es, wie in jedem Jahr, ein wunderbares Pfingstmenü geben. Das Hauptgericht waren in Rotwein geschmorte Ochsenbäckchen. Das erinnerte an den Pfingstochsen. Früher wurde an Pfingsten das Vieh auf die Weide getrieben und ein Ochse als Pfingstochse prächtig geschmückt.

Josef freute sich auf den Tag. Doch bevor die Familie das wundervolle Pfingstmenü hier auf der Terrasse gemeinsam genießen würde, stand erstmal der Kirchgang auf dem Plan. Pfingsten galt schließlich als Geburtstag der Kirche.

Fünfzig Tage nach Ostern wird Pfingsten gefeiert, weil an diesem Tag einst der Heilige Geist auf die Jünger von Jesus herabgekommen war und ihnen geholfen hatte, dessen Botschaft in der Welt zu verbreiten.

Die Kirche war gut besucht. Leider hielt ein Pfarrer die Predigt, den Josef nicht so sehr mochte. Seine Predigten dauerten immer sehr lange. Josef sah aus dem Augenwinkel, dass sogar seine Frau Sara während der Predigt einige Male gähnte.

Doch irgendwann war der Gottesdienst zu Ende. Josef trat aus dem Kirchtor und spürte, wie etwas auf seine rechte Schulter fiel.

„Oh nein! Mich hat ein Vogel voll erwischt!“, jammerte Josef. Sara zückte ein Taschentuch und versuchte, den weißgrauen Kot von Josefs Hemd zu entfernen. „Na, mach dir nichts draus“, tröstete sie ihn. „Ich habe den Vogel wegfliegen sehen. Er ist das Symbol für den Heiligen Geist. Alles Gute kommt von oben!“ Bei ihren letzten Worten musste sie ein bisschen lachen.

Welches Tier hat Sara wegfliegen sehen?

Lösung: Eine Taube.

FRÜHLINGSGEFÜHLE

Ingo ist schwer verliebt. Seine Traumfrau ist vor ungefähr einem Monat in die Nachbarwohnung gezogen. An dem Tag, als der Umzugswagen vorfuhr, war Ingo genervt. Die vorherigen Nachbarn hatten immer so laut Musik gehört. Wer würde jetzt kommen? Was würde der neue Nachbar für unangenehme Angewohnheiten haben? An diesem Tag sah er nur die Möbelpacker.

Auf das Kennenlernen der neuen Nachbarin musste er noch drei Tage warten. Es war 15 Uhr, und in der Nachbarwohnung wurde schon den ganzen Tag gehämmert, gebohrt und gewerkelt. Ingo war sauer. Wenn er etwas gar nicht leiden konnte, dann war es Lärm. Sollte der doofe neue Nachbar doch hinziehen, wo der Pfeffer wächst.

Da klingelte es plötzlich bei Ingo. Missmutig öffnete er die Tür und da stand ... die wunderschönste Frau, die er je gesehen hatte. Sie hatte eine Jeanshose und eine grüne Bluse an. Beides war mit weißen Flecken beschmiert. Ihre Augen waren blau und groß und strahlten Ingo an. In der Hand hatte sie einen kleinen roten Blumentopf mit einer blauen Blume. Die Blume hatte dieselbe Farbe wie ihre Augen. Die schönsten Augen der Welt.

Sie streckte Ingo den Blumentopf entgegen und sagte: „Hallo, ich ziehe gerade nebenan ein. Ich möchte mich gerne vorstellen. Bitte entschuldigen Sie das Hämmern und Bohren!" „Ach, das bisschen Krach. Das stört doch nicht", antwortete Ingo. „Das gehört bei einem Einzug einfach dazu, ich bin ja auch mal hier eingezogen!"

Ingos Ärger war vergessen. Er strahlte die Nachbarin an und sie strahlte zurück. Ingo nahm die Blume.

„Ich bin Ingo und wie heißt du?", fragte er. Die Nachbarin nannte ihren Vornamen. Ingo lachte: „Den Namen werde ich niemals vergessen. Denn so heißt die Blume, die du mir geschenkt hast – und so heißt auch ein Teil des Auges, den ich noch nie in einem schöneren und strahlenderen Blau gesehen habe als bei dir!"

Wie heißt Ingos Angebetete?

Lösung: Iris.

SOMMER

EIN BESONDERER FUND

Hilde fasste sich an die Ohren. Gleich war es so weit. Sie würde ihren wertvollsten Besitz weitergeben. Einmal noch drehte sie ihren Kopf vor dem Spiegel von links nach rechts. Die Ohrringe waren nicht teuer gewesen. Aber sie waren etwas ganz Besonderes. Wie besonders sie waren, das wusste auch Verena, ihre Enkelin. Ihre Enkelin, die mittlerweile erwachsen war. Ihre Enkelin, die heute heiratete. Hilde hatte Verena, als sie noch ein kleines Mädchen war, die Geschichte von den Ohrringen immer wieder erzählen müssen.

Es war lange her. Jung war sie gewesen. Blutjung. Sie war frisch verheiratet und ging mit ihrem Mann Jakob in der Eifel an einem Bach entlangspazieren. Wenn man Glück hatte, konnte man darin Tiere entdecken, die in kleinen kalkigen Schalen lebten.

Und tatsächlich: Dort am Wasserrand lag eine geschlossene dunkle Schale, die in der Sonne glänzte. Jakob hob sie auf. „Na, sollen wir mal schauen, was wir in der Schale finden?", fragte er.

Hilde lachte: „Ach was, Jakob, da ist bestimmt nichts drin. Es ist schon selten genug, dass man so etwas überhaupt entdeckt. Dass in der Schale etwas Wertvolles ist, ist noch seltener. Ich glaube, die Chancen stehen eins zu tausend."

Jakob ließ sich trotzdem nicht davon abbringen. Er zückte sein Taschenmesser und hebelte die Schale auf. Dann starrte er verblüfft in seine Hände. „Schau dir das an, es sind sogar zwei! Zwei auf einmal! Wie hoch stehen da die Chancen?“ Sie konnten es beide kaum glauben. Jakob schenkte Hilde seinen Fund. Es war vielleicht der schönste Tag in ihrem Leben. Später ließ Hilde sich die Ohrringe aus dem Fund machen.

Nun stand Verena in einem schneeweißen Kleid vor ihr. Sie sah aus wie ein Sahnetörtchen oder wie eine Prinzessin. „Verena, ich möchte dir noch etwas schenken!“ Hilde hielt ihr die Ohrringe hin.

„Du schenkst mir deine Ohrringe?“ Verena stiegen die Tränen in die Augen. Sie nahm die Ohrringe vorsichtig in die Hand und strich mit den Fingern sanft darüber. „Danke, Oma, das bedeutet mir so viel.“ Sie schloss ihre Großmutter in die Arme. „Ich weiß, deswegen schenke ich sie dir. Ich liebe dich Verena!“

Was hängt an Hildes Ohren?

Lösung: Perlen-Ohrringe.

DIE SCHÖNSTEN REISEN

Morgen ist es endlich so weit! Hubert kann in den Sommerurlaub fahren! Hubert ist voller Vorfreude, denn er reist sehr gerne und lernt mit Vorliebe neue Länder und Menschen kennen. Bisher ist er schon in über dreißig Ländern gewesen. Und er hat sich noch viele weitere Reisen vorgenommen.

Eines der Länder, die er im Laufe seines Lebens kennengelernt hat, hat es ihm besonders angetan, und es ist sein liebstes Reiseziel. Schon alleine, weil er mit dem Auto hinfahren kann und die Strecke sehr schön ist. Sein Weg führt ihn durch halb Deutschland und über einen hohen Gebirgspass. Es dauert zwar ein wenig, bis er an seinem Ziel ist. Das macht ihm aber nichts aus. Denn auf dem Weg dorthin besucht er Freunde, die ihn immer zu Kaiserschmarrn einladen. Von dort fährt er dann gestärkt über das Gebirge.

Sein liebstes Reiseland ist zum großen Teil von Wasser umgeben. Bisher war immer schönes Wetter, wenn er dort war. Im Sommer ist es so warm, dass mittags die Geschäfte schließen und die Menschen sich eine Pause gönnen – möglichst im Schatten. Das Land ist ziemlich schmal und lang. Dazu gehört noch eine größere Insel, auf der der höchste aktive Vulkan Europas liegt.

Die Hauptstadt trägt einen Namen mit drei Buchstaben. Dort steht ein großes Theater, das Hubert sehr beeindruckend findet. Jedes Mal, wenn er in der Stadt ist, geht er dorthin und bewundert dieses berühmte Bauwerk.

Außerdem kann man sich in vielen Städten seines Lieblingslandes atemberaubende Kathedralen und Museen anschauen. Es gibt auch eine Stadt, die auf dem Wasser erbaut ist. Und einen Turm, der nicht ganz gerade steht.

Und morgen geht es los! Die Koffer sind gepackt und eine Liste mit Besorgungen ist geschrieben. Denn wie immer wird er wieder einige Flaschen ganz besonderen Wein mitbringen und auch etwas von dem feinen Essig und dem milden Öl. Ja, das Essen dort soll besonders gesund sein und ist sehr lecker.

Welches Land ist Huberts Lieblingsreiseziel?

Lösung: Italien.

EDDAS GEDECKTER TISCH

Edda ist schon ganz aufgeregt. Nachher kommen ihre Freundinnen zu Besuch. Die vier wollen sich endlich mal wieder bei Kaffee und Kuchen unterhalten und Neuigkeiten austauschen. Edda hat einen Johannisbeerkuchen gebacken.

Sie mag den säuerlichen Geschmack der Beeren. Mit der leichten Süße im Boden und der frischen Baisermasse ist er einfach ein Gedicht. Edda weiß, dass ihre drei Freundinnen den Kuchen auch sehr gerne essen. Sie hofft, dass sie ihnen damit eine Freude bereiten kann.

Gerade richtet sie das Kaffeeservice auf dem Tisch zurecht und faltet Servietten. Dann stellt sie die Kerzenhalter an ihre Plätze. Alles Ton in Ton; Edda deckt heute den Tisch in ihrer Lieblingsfarbe ein.

Da sie jetzt im Frühsommer nicht nur Johannisbeeren im Garten gepflückt, sondern auch die prall gefüllten Himbeersträucher von ihren Früchten befreit hat, verteilt sie diese auf dem Tisch. Sie passen gut zu den Servietten und den Kerzen. Ein paar Kirschen legt sie auch dazu. Die Kirschen in ihrem Garten sind zwar noch nicht reif, aber den frischen, glänzenden Kirschen am Obststand auf dem Wochenmarkt konnte sie einfach nicht widerstehen. Neugierig probiert sie eine – sie schmeckt köstlich.

Edda schaut noch einmal, ob die Gabeln und Löffel richtig liegen und überlegt, ob sie etwas vergessen hat. In Gedanken hebt sie den Finger – die Zuckerdose und das Milchkännchen fehlen noch. Edda eilt zum Schrank und holt beides heraus. In der Zuckerdose ist noch genug Zucker. Edda platziert sie auf dem Tisch. Mit dem Kännchen geht sie in die Küche und füllt es mit Milch. Zufrieden stellt sie es in der Stube neben die Zuckerdose auf den Tisch.

Sie lächelt. Der Tisch ist ihr gut gelungen. Die Dekoration ist durch und durch in ihrer Lieblingsfarbe gehalten.

Welche Farbe ist Eddas Lieblingsfarbe?

Lösung: Rot.

BOHNEN, GURKEN, BROKKOLI

Susanne steht in der Küche und putzt Frühlingszwiebeln und die frischen Bohnen, die sie gestern auf dem Markt gekauft hat. Im Radio läuft ihre Lieblingsmusik. Voller Vorfreude auf den heutigen Abend schunkelt sie zu den bekannten Melodien.

Nachher kommen ihre Freundinnen zum Essen. Einmal im Monat treffen sich die fünf und bekochen sich gegenseitig. Heute ist Susanne an der Reihe.

Sie bereitet gerade den Bohnensalat vor. Das Wasser zum Blanchieren kocht schon, gleich kann sie die Bohnen hineingeben. Zum Hauptgang gibt es außerdem Seezunge mit Brokkoli und Rosmarinkartoffeln. Als Vorspeise möchte sie ihren Freundinnen frischen Kopfsalat mit Gurken und Dill anbieten. Mit gerösteten Pinienkernen bestreut, ist der ein Gedicht!

Susanne ist gut in der Zeit. Nachdem sie den Bohnensalat angemacht hat, kann sie in aller Ruhe den Tisch decken. Die fünf Freundinnen haben an dem großen Tisch im Esszimmer viel Platz. Liebevoll dekoriert sie die Tafel mit Servietten, kleinen Blumensträußen und Kerzen. Zum Schluss stellt sie die Wein- und Wassergläser auf den Tisch und prüft noch einmal, ob das Besteck gerade liegt. Ein schön gedeckter

Tisch gehört für Susanne genauso zu einem gemütlichen Abend wie die Speisen selbst. Sie ist zufrieden.

Zum Schluss bereitet sie den Brokkoli vor, schält die Kartoffeln und schnibbelt die Gurken für den Salat. Den Rest bereitet sie frisch zu, wenn ihre Freundinnen da sind. Als sich Susanne gerade fertig umgezogen hat, klingelt es auch schon.

Pünktlich auf die Minute stehen Maria und Julia vor der Tür. Die drei begrüßen sich freudig und tauschen sofort Neuigkeiten aus. Als die anderen beiden da sind, beginnt Susanne mit den letzten Vorbereitungen. Sie wäscht den Salat, brät die Seezunge, schwenkt die Kartoffeln in Butter und bestreut sie mit dem Rosmarin. Auch der Brokkoli wird frisch blanchiert.

Es schmeckt köstlich und es wird ein gelungener Abend. Die fünf Freundinnen sitzen noch lange zusammen und genießen die gemeinsame Zeit. Zu später Stunde serviert Susanne traditionell noch Kaffee und einen Kuchen – heute eine Stachelbeertorte mit Baiserhaube. Satt, zufrieden und glücklich über die gemeinsamen Stunden verabschieden sie sich voneinander ... Bis zum nächsten Mal!

Was haben alle diese Gemüsesorten gemeinsam?

Lösung: Sie sind grün.

HERBST

ISOLDE BEI DER GARTENARBEIT

Isolde steht im Gartenschuppen und schaut sich um. „Der Rechen, der Rechen ...", murmelt sie leise vor sich hin. „Ach, da ist er ja!", hört man sie keine halbe Minute später rufen. Sie nimmt ihn aus der Halterung und stellt ihn vor die Tür.

Dann schlüpft sie in ihre Gummistiefel, zieht die Handschuhe an und schiebt die Schubkarre aus dem Schuppen. Es ist kühl geworden. Zwar scheint die Sonne, aber Isolde zieht den Reißverschluss ihrer Weste trotzdem bis ganz nach oben. Ein Tuch hat sie ebenfalls um ihren Hals gelegt.

Sie macht sich an die Arbeit und fegt das Laub mit dem Rechen zusammen. Obwohl sie erst Mitte letzter Woche einiges an Blättern auf den Kompost gebracht hat, hat sie auch heute wieder viel zu tun. Isolde hebt die Laubhaufen in die Schubkarre und fährt sie zum Kompost. Eine mühsame Arbeit, die aber schon bald durch den Anblick eines aufgeräumten Rasens belohnt wird. Isolde verschnauft einen Augenblick und trinkt einen Schluck Mineralwasser.

Dann geht sie wieder an die Arbeit. Sie fährt die Schubkarre mit dem Rechen zurück in den Schuppen und holt die Körbe und den Apfelpflücker heraus. Zum Schluss stellt sie noch die Leiter bereit. Für die unteren Äpfel am Baum braucht sie sie noch nicht. An die Früchte, die weiter oben in der

Baumkrone hängen, kommt sie aber ohne Leiter beim besten Willen nicht heran.

Es dauert eine Weile, bis Isolde alle reifen Äpfel gepflückt hat. Am frühen Nachmittag sind die Körbe prall gefüllt. Sogar ein paar Birnen konnte sie ernten. Sie zupft noch ein paar Unkrautpflänzchen und schneidet die Hecke hinten am Zaun. Zufrieden blickt sie auf ihr Tagewerk. Die Körbe mit dem Obst stehen noch auf der Wiese. Beim Tragen wird ihr Sohn Peter später helfen. Er kommt sie sonnabends regelmäßig besuchen, um gemeinsam mit ihr zu essen. Das Körbe-in-den-Keller-Tragen ist für ihn ein Klacks. Isolde freut sich schon auf die kräftige Linsensuppe, die sie gestern vorgekocht hat.

Sie zieht Handschuhe und Gummistiefel aus und schließt den Schuppen ab. Bevor sie die Terrassentür schließt, atmet sie noch einmal die kühle, aber frische und klare Luft ein. Zufrieden macht sie sich daran, die Suppe aufzuwärmen.

In welcher Jahreszeit spielt diese Geschichte?

Lösung: Im Herbst.

ES DUFTET HERRLICH!

Ludmilla mustert den großen Korb mit den Äpfeln, den Heinrich gerade aus dem Keller geholt hat. Bis an den Rand gefüllt steht er in der Küche. Die diesjährige Apfelernte ist aber auch wirklich ertragreich gewesen. So viel Apfelkuchen wird sie gar nicht backen können, dass alle Äpfel verarbeitet sind.

Mit den Fingern fährt sie vorsichtig über die Schale. Fest fühlt sie sich an – und etwas rau. Dann nimmt sie etwa zwei Dutzend Äpfel, legt sie auf den Küchentisch und zieht sich ihren Hocker heran. Darauf lässt es sich immer noch am besten arbeiten!

Ludmilla fängt an zu schälen. Sie viertelt die Äpfel, schneidet das Kerngehäuse heraus, zerteilt die Apfelspalten in kleine Stücke und schält und schält – bis die große Schüssel auf dem Tisch ganz gefüllt ist.

Dann kommt der große Kochtopf ins Spiel. Ludmilla stellt ihn auf den Herd, gibt ein wenig Wasser und Zucker hinein und erhitzt alles. Anschließend kippt sie vorsichtig die Apfelstücke in den Topf und rührt alles einmal um. Dann heißt es warten. Ludmilla bringt rasch die Schalen auf den Komposthaufen im Garten und geht in den Keller, um Gläser zu holen. Im Haus duftet es herrlich nach gekochten Äpfeln, was die Vorfreude auf das Ergebnis bei Ludmilla noch größer macht. Sogar Heinrich kommt zwischendurch aus seinem Büro, um zu schauen, wie weit die Äpfel schon sind.

Ludmilla kocht die Gläser aus und lässt sie auf einem Geschirrtuch abtropfen. Zwischendurch rührt sie immer wieder im Topf, damit nichts anbrennt. Anschließend bearbeitet sie die Apfelmasse noch so, dass sie die richtige Konsistenz und Süße hat, und füllt sie in die Gläser ab. Dann schraubt sie die Deckel zu, dreht die Gläser um und stellt sie auf ein Geschirrtuch.

„Das wäre geschafft!", denkt Ludmilla und blickt sich zufrieden in der Küche um. Ein paar Minuten später kommt auch Heinrich wieder zur Stippvisite vorbei. Neugierig scharwenzelt er um die Gläser herum. Dann überlegen sie gemeinsam, was sie heute Abend kochen könnten.

Was hat Ludmilla aus den Äpfeln hergestellt?

Lösung: Apfelmus.

ANTON HAT BAUCHWEH

Anton hat Bauchweh. Er sitzt auf dem Schoß seiner Mama und schaut den Leuten zu, die an ihrer Bank vorbeigehen. So viele Beine! So viele Beine hat er bestimmt noch nie auf einmal gesehen! Und alle mit schicken Schuhen an den Füßen.

Die Frauen tragen bunte Kleider. Manche Kleider sind lang, andere kurz. Aber alle haben weiße Blusen unter den Kleidern – Mama übrigens auch. So eine hat sie zu Hause beim Spielen und Kochen nicht an. Das würde bestimmt auch komisch aussehen. Anton beobachtet die Leute weiter. Sein Bauch tut immer noch weh. Nicht mehr so stark wie vorhin, aber immer noch so, dass er bestimmt in den nächsten Stunden nichts mehr essen kann. „Zu viel Zuckerwatte, gebrannte Mandeln, Limonade und Liebesapfel", hat Mama gesagt und ihn auf den Schoß genommen. In ihrem Arm und mit ihrer Hand auf seinem Bauch ist es dann auch gleich etwas besser geworden. Trotzdem kann er sich nicht vorstellen, heute noch irgendetwas zu essen.

„Ein komisches Fest ist das hier", brummelt Anton vor sich hin. Obwohl es ihm eigentlich bisher ganz gut gefallen hat – bis die Bauchschmerzen gekommen sind. Es gibt aber auch einfach so viel zu sehen. Und zu riechen. Und zu schmecken. Und zu fahren. Hoch oben in der Gondel des Riesenrads war er schon gesessen. Von dort aus konnte er über die ganze Festwiese schauen, die Zeltspitzen, die Stände und die anderen Fahrgeschäfte sehen. Wie gerne wäre er mit den Autos gefahren, die man nur zu lenken braucht. Dafür sieht er jetzt allerdings schwarz. Nie wird er mit den Bauchschmerzen in einem solchen Auto fahren können. Geschweige denn ein weiteres Mal in dem Riesenrad.

Anton atmet tief ein und aus und schaut seine Mama an. Wie hübsch sie sich gemacht hat. Und alles nur für diesen Rummel hier in München. Papa hat sich sogar eine enge, kurze, glänzende Hose angezogen – die trägt er im Büro auch nicht. Jedenfalls hat Anton das noch nie gesehen.

Momentan steht Papa mit Antons kleiner Schwester Ida vor einem Stand, an dem man mit Tennisbällen auf silberfarbene Blechdosen werfen muss. Ida scheint es Spaß zu machen. Anton überlegt und legt die Hand auf seinen Bauch. Ein wenig besser ist es schon geworden mit den Bauchschmerzen. Sollte er das mit den Dosen auch einmal wagen? Schließlich gibt es wohl auch Geschenke: Ida hat schon einen Ball, einen Teddy und noch etwas anderes Kleines da liegen. Anton vermutet Haarspangen oder Zopfgummis – Mädchensachen eben.

Mama fragt nach seinem Bauch. Und tatsächlich, er tut gar nicht mehr so weh. Anton steht auf und atmet einmal tief ein und aus. Es geht ihm schon viel besser.

Mit Mama geht er zu Papa und Ida und probiert sich im Dosenwerfen. Der erste Wurf ist gleich ein Treffer. Ein Strahlen legt sich auf Antons Gesicht. Und schon zehn Minuten später hat er wieder Gefallen gefunden an dieser großen Wiese mit den vielen Fahrgeschäften. Er bekommt sogar wieder Hunger auf eine Laugenbrezel ...

Auf welchem Fest ist Anton mit Ida und seinen Eltern?

Lösung: Auf dem Münchner Oktoberfest.

SANKT-MARTINS-TAG

Der Sankt-Martins-Tag stand vor der Tür. Anna und Paul waren gerade dabei, am Küchentisch ihre Laternen zu basteln. Buntes Tonpapier lag überall verstreut und dazwischen sah man Klebestifte und Scheren hervorblitzen.

„Ich brauche das gelbe Tonpapier!", rief Anna und nahm sich ein Blatt. „Ich auch", stimmte Paul ein und nahm sich ebenfalls einen Bogen. Beide malten die Umrisse ihrer Laternen auf den Tonkarton und griffen nach den Scheren.

„Die Zacken sind aber schwer auszuschneiden!", beschwerte sich Anna. Paul begutachtete Annas Bemühungen und ermutigte sie: „Gleich hast du es geschafft, es sind ja nur fünf Zacken! Bei mir fehlt noch die ganze Mähne. Kannst du mir bitte das braune Tonpapier dafür geben?" Anna reichte Paul das braune Tonpapier und Paul schnitt die Mähne aus.

„Brauchst du noch etwas?", fragte Paul. „Ja", erwiderte Anna, „ich nehme noch etwas goldenen Glitzer, dann funkelt meine Laterne genauso schön wie das Original nachts am Himmel." Sie bestrich ihre Laterne mit einem Klebestift und streute den goldenen Glitzer darauf. Paul nahm sich zwei große Wackelaugen und klebte sie an die richtige Stelle auf seiner Laterne.

„Fertig!“, verkündete Anna. „Na, wie findest du meine Laterne? „Sehr schön“, antwortete Paul, „ein bisschen langweilig vielleicht. Und wie ist meine?“ Anna begutachtete Pauls Laterne kritisch und antwortete: „Sieht wirklich super aus! Die Mähne macht sie ganz majestätisch! Aber eigentlich leuchten Tiere doch gar nicht, oder?“

„Wenn ein Tier leuchtet, dann der König aller Tiere!“, konterte Paul. Da konnte Anna nicht widersprechen. Beide Kinder betrachteten noch eine Weile stolz ihre selbst gebastelten Laternen.

Was für Laternen haben die Kinder gebastelt?

Lösung: Anna hat eine Stern-Laterne gebastelt und Paul eine Löwen-Laterne.

WINTER

EIN LEUCHTENDER HIMMEL

Brigitte machte so gerne Urlaub hier auf dem Land in Bayern. In diesem Jahr war sie ganz alleine hergefahren. Ihr Mann hatte auf der Arbeit nicht freibekommen. „Was willst du denn da alleine?", hatte ihre Freundin sie gefragt. „Fühlst du dich dann nicht einsam?" Aber Brigitte fühlte sich nicht einsam. Sie genoss es, endlich mal nichts zu tun.

Das Hotel lag fernab von den großen Städten. Es hatte geschneit, und eine weiße Decke lag über der Landschaft. Brigitte hatte sich eine Flasche Wein auf ihr Zimmer bringen lassen und saß nun dick eingepackt in ihrer Winterjacke und einer flauschigen Decke auf dem Balkon. Es war Abend geworden und außer ihr schienen alle in ihren warmen Zimmern zu sein. Man hörte keine Menschenseele.

Der Mond war schon aufgegangen und der Rotwein schmeckte köstlich. Die Sterne leuchteten am tiefschwarzen Himmel.

Brigitte hielt Ausschau und wusste, dass sie es gleich entdecken würde: das Sternbild, das über Bayern niemals untergeht. Das Sternbild, das sie schon als Kind gekannt hatte und das sie auf ihrem Lebensweg begleitete.

Es war eigentlich ein Teil von einem noch größeren Sternbild, aber das hatte sie erst herausgefunden, als sie schon erwachsen war.

In ihrer Kindheit stand dieses Sternbild für Brigitte ganz allein. Die Bezeichnung hatte sie immer lustig gefunden und sich vorgestellt, dass das Sternbild plötzlich losfahren würde. Dass es losfährt, sich vom Himmel löst und zu ihr runter auf die Erde fährt. Einmal hatte sie das sogar geträumt. In der Wirklichkeit passierte so etwas natürlich nicht. In der Wirklichkeit blieb das Sternbild verlässlich oben am Himmel. Da – schon hatte Brigitte es entdeckt.

Welches Sternbild kann Brigitte am Himmel erkennen?

Lösung: Großer Wagen.

MORGENSPAZIERGANG IM WINTER

Helmut betrachtete sich im Spiegel. Ganz zufrieden war er nicht. Langsam sah man ihm doch an, dass er nicht mehr der Jüngste war. Mit den kleinen Fältchen rund um die Augen konnte er gut leben. Auch, dass er ein paar Pfund mehr auf den Rippen hatte, störte ihn nicht. Aber dass seine Haare immer weniger wurden, das missfiel ihm.

Er erinnerte sich schmunzelnd an eine Zeit in seinem Leben, als er seine Haare hatte lang wachsen lassen. Seiner Mutter hatte das damals gar nicht gefallen. Helmut seufzte. Diese Zeiten waren vorbei. Aber es gab Schlimmeres. Er war ja nicht der einzige Mann jenseits der Sechzig, der auf das eine oder andere Haupthaar verzichten musste.

Es war Zeit für seinen Morgenspaziergang. Draußen war es bitterkalt, und es war sogar ein bisschen Schnee gefallen. Da musste er sich warm anziehen. Als Erstes schlüpfte er in die dicken und gut gefütterten Winterstiefel. Dann nahm er den Mantel von der Garderobe. Unter dem dicken Mantel sah man nicht, dass er etwas zugelegt hatte. Als Nächstes wickelte er sich den Schal um den Hals. Seine Schwester hatte diesen Schal gestrickt und ihm zu Weihnachten geschenkt. Als Letztes steckte er seine Hände in die Handschuhe aus weichem Leder. Nun war er fertig, oder?

Er öffnete die Tür und stapfte hinaus in die Kälte. Schon nach ein paar Metern merkte er, dass er beim Ankleiden etwas ganz Entscheidendes vergessen hatte. „Früher, als ich noch lange Haare hatte, wäre mir das nicht so schnell aufgefallen", dachte Helmut. Rasch kehrte er um und holte das vergessene Kleidungsstück.

Was hat Helmut vergessen, anzuziehen?

Lösung: Die Mütze.

LUISE BAUT EINEN SCHNEEMANN

Luise schaute sich ihr Werk voller Stolz an. In den letzten drei Stunden hatte sie ganze Arbeit geleistet. Sie hatte mit drei kleinen Schneekugeln begonnen. Die Schneekugeln hatte sie nacheinander durch den verschneiten Garten gerollt. Eine nach der anderen war dicker und dicker geworden. Die erste Schneekugel hatte sie am dicksten werden lassen. Die zweite Schneekugel hatte sie am zweitdicksten werden lassen. Die dritte Schneekugel war am kleinsten geblieben. Dass die dritte Schneekugel so klein war, war gewollt. Es war aber auch gut, dass sie nicht so groß werden musste, denn im Garten war kaum noch Schnee übrig.

Die fertigen Schneekugeln hatte Luise übereinandergestapelt. Dann war sie zu ihrer Mutter in die Küche gelaufen. Dort hatte sie eine Möhre ergattern können. Eigentlich wollte sie auch einen großen Topf von ihrer Mutter haben. „Das kommt gar nicht in Frage!", hatte sie geantwortet, als Luise nach dem Topf fragte. „Meinen Kochtopf bekommst du nicht!"

Luise war ein bisschen traurig. Auf den Kopf eines Schneemanns gehörte doch ein Topf. Papas echten Hut würde sie bestimmt auch nicht bekommen. Schade!

Sie beschloss, sich zuerst um Augen, Mund und Knöpfe zu kümmern. Dafür suchte sie ein paar kleine Kohlestücke aus der Garage. Dort hatte ihr Vater nämlich noch einen alten Sack mit Holzkohle vom sommerlichen Grillen gelagert. Im Moment brauchte ihr Vater die Grillkohle nicht, also hatte er gewiss nichts dagegen. Dann fiel ihr Blick auf einen anderen Gegenstand, den sie für ihren Schneemann gebrauchen konnte. Zufrieden lächelnd nahm sie ihn mit.

Die Kohlestückchen wurden an den richtigen Stellen platziert und der Schneemann lächelte. Nun setzte Luise dem Schneemann auf den Kopf, was sie noch aus der Garage mitgenommen hatte. Diesen Gegenstand würde ihr Vater gewiss nicht vermissen. Der Vater brauchte ihn nur einmal im Jahr, wenn er die Garage putzte und viel Wasser und Seifenlauge brauchte. Und das war im Frühjahr zum Frühjahrsputz. Bis dahin würde der Schneemann diese Kopfbedeckung nicht mehr brauchen.

Was trägt der Schneemann auf dem Kopf?

Lösung: Einen Eimer.

WEIHNACHTSBÄCKEREI

Oma Fiona hat heute ihren Backtag. Der Advent naht und alle warten schon auf die Köstlichkeiten aus ihrer Backstube. Heute backt sie die Lieblingsplätzchen ihres Enkels Felix.

Für die Zubereitung des Teigs hat sie die Zutaten schon bereitgestellt: Mehl, Puderzucker, Vanillezucker, Mandeln und Butter. Das Mehl, den Puder- und den Vanillezucker schüttet sie in Form eines kleinen Bergs auf die Arbeitsfläche. Die Mandeln mahlt sie mit ihrer Küchenmaschine ganz klein und gibt diese auch hinzu. Die Butter schneidet sie in kleine Stücke und verteilt sie auf den trockenen Zutaten. Mit viel Gefühl arbeitet sie die Butter unter. Langsam entsteht ein schöner, geschmeidiger Teig. Nun ist eine Stunde Zeit, der Teig kommt so lange in den Kühlschrank.

Nach einer Stunde klingelt die Eieruhr und Oma Fiona nimmt den Teig aus dem Kühlschrank. Mit geübten Fingern formt sie den Teig zu Rollen, schneidet sie in gleich große Stücke und formt diese zu kleinen, schmalen Halbmonden. Jedes fertig geformte Plätzchen legt sie auf das Backblech und achtet darauf, dass es genug Abstand zu seinen Nachbarn hat. Als das Blech gefüllt ist, wandert es zum Backen in den Ofen. Während die Plätzchen langsam Farbe annehmen und ein verführerischer Duft durch die Küche strömt, bereitet Oma Fiona einen tiefen Teller vor, auf dem sie Puder- und Vanillezucker mischt.

Die fertig gebackenen Plätzchen lässt sie zwei Minuten abkühlen, damit sie nicht brechen und wendet sie dann in dem vorbereiteten Zucker. Die erste Fuhre ist fertig und muss nur noch zu Ende abkühlen. Es folgen drei weitere Bleche.

Als alle Plätzchen fertig und abgekühlt sind, verpackt Oma Fiona einen Teil davon in kleine durchsichtige Tüten, die sie mit Geschenkband zubindet und mit einem Tannenzweig verziert. Den Rest der Plätzchen füllt sie in eine große Dose. Die Dose ist natürlich für ihren Enkel Felix.

Welche Plätzchen backt Oma Fiona?

Lösung: Vanillekipferl.

KREUZ UND QUER

DAS SPARSCHWEIN

Dort stand es. Es war groß, rosa und mittlerweile randvoll. Toms Sparschwein.

Jede Woche brachte seine Oma ihm ein paar Münzen mit. Wenn seine Eltern Kleingeld in der Wohnung herumliegen ließen, fragte er immer, ob er es haben durfte. In der Regel erlaubten seine Eltern es. So wurde das Sparschwein immer voller. Und nun brauchte Tom das Geld. Er wünschte sich nichts sehnlicher als einen neuen Roller. Ob er dafür wohl genug Geld gesammelt hatte? „Mama können wir das Geld in meinem Sparschwein zählen?“, fragte er.

Toms Mutter nahm das Sparschwein in die Hand und drehte es um. „Ach du liebe Güte!“, sagte sie erschrocken. „Eigentlich gerne, Tom, aber das Sparschwein hat ja gar keine Öffnung am Bauch. Wahrscheinlich müssen wir die Münzen alle wieder oben herausschütteln.“

Tom versuchte es. Ein paar Münzen fielen heraus. Dann stocherte er mit einem Lineal in dem Einwurfschlitz herum. Doch auch so kamen nur wenige Münzen heraus. „Mama, ich bekomme das Geld einfach nicht heraus“, klagte Tom niedergeschlagen.

„Ralf, fällt dir etwas ein?“ Toms Vater kam zu ihnen und nahm das Sparschwein in die Hand. „Komm mal mit in den Keller, Tom. Um das Sparschwein aufzukriegen, brauchen wir das richtige Werkzeug." Tom lief voraus. Sein Vater kramte in einem Handwerkskoffer und reichte Tom ein Werkzeug. Er nahm es dankbar an, holte einmal aus – und das Sparschwein hatte das Geld freigegeben. Tom zählte das Geld. Es waren viele Münzen, aber es reichte noch nicht für einen Roller.

„Und jetzt?", wollte Tom wissen. „Wie wird das Schwein wieder heile?" Sein Vater schaute ihn verwundert an. „Das wird schwierig." Er betrachtete die Teile des Sparschweins. Allzu viele waren es nicht und die Teile waren auch ziemlich groß. Er kramte in seiner Schublade und reichte Tom den Alleskleber. „Hiermit können wir es versuchen!"

Welches Werkzeug bekam Tom von seinem Vater, um an die Münzen im Sparschwein heranzukommen?

Lösung: Einen Hammer.

BESONDERE HAUSTIERE

Meine Freunde und Verwandten haben mit dem Kopf geschüttelt, als ich ihnen von meinen Plänen erzählte. Haustiere wollte ich mir anschaffen.

Die Liebe zum Tier haben sie ja noch verstanden. Aber zu dieser Tierart? „Ist das nicht eklig, dreckig und unrein?", wurde ich gefragt. Eine große Befürchtung, die meine Mutter hatte, war: So ein Tier stinkt doch! Meine Mutter hatte da Ställe mit vielen dieser Tiere im Kopf, die in der Tat manchmal unangenehm riechen. Immer wieder musste ich erklären, warum ich mich ausgerechnet für diese Tiere entschieden habe. Und entgegen aller Vorurteile meiner Mutter stinken meine Karla und mein Ludwig keineswegs.

Sie sind sogar stubenrein, auch wenn sie kein Hund und keine Katze sind. Karla und Ludwig können „Sitz" und „Platz" machen und gehen mit mir spazieren. Karla schmust gerne. Sie zu streicheln fühlt sich lustig an, denn sie hat kein Fell, sondern Borsten. Ich muss natürlich zugeben, dass ich froh darüber bin, einen großen Garten zu haben, denn es wäre nicht so schön, wenn sich Karla und Ludwig nur im Haus aufhalten müssten.

Sie suchen ständig nach Essbarem, weshalb ich meinen Kühlschrank mit einem Schloss gesichert habe. Sie sind nämlich so schlau und geschickt, dass sie ihn sonst allein aufbekommen.

Manchmal ist es schwierig, wenn ich Besuch bekomme. Unser Haus ist das Revier meiner beiden Lieblingstiere, und für sie gehören Außenstehende nicht zur Rotte. Da wird schon mal unsanft geschubst. Doch es gibt nichts Schöneres, als mit den beiden auf dem Sofa zu schmusen und über ihre Borsten zu streicheln. Die Wahl meiner Haustiere habe ich, trotz all der Arbeit, nie bereut.

Welche Haustiere habe ich mir angeschafft?

Lösung: Zwei (Mini-)Schweine.

MORGENRITUAL MIT HINDERNISSEN

Egon ist morgens, wenn er sich für die Arbeit fertigmacht, auch nach dem Gang unter die Dusche immer noch sehr müde. Daher hat er es gerne, dass die Dinge, die er zum Duschen, Rasieren, Kämmen, Föhnen und Zähneputzen braucht, immer an demselben Platz liegen.

Nun begibt es sich jedoch manchmal, dass seine Angetraute Ute im Haus aufräumt. Und dabei nimmt sie sich auch das Badezimmer vor.

Dann werden die Schubladen ausgeräumt und sauber gemacht, Schränke ausgewaschen, die Handtücher und der Badvorleger gewechselt und die Armaturen entkalkt.

Ja, Egon sieht es ein, dass das alles erledigt werden muss. Aber warum kann danach nicht wieder alles an seinem Platz stehen?! Fast hätte er sich heute Morgen die Rasiercreme auf die Zahnbürste geschmiert – ohne Brille sieht er doch so schlecht. Auch sein Duschgel fand er nicht mehr. Er musste wohl oder übel auf das Duschgel seiner Frau ausweichen. Mit Rosenduft! Beim Abtrocknen hat er es dann gesehen. Die Flasche stand doch in der Dusche, hatte sich aber hinter Utes Shampoo versteckt.

Nun steht Egon vor dem Spiegel. Geduscht, in ein Badehandtuch gewickelt, mit dem Föhn in der Hand und wieder auf der Suche. „Den dunkelbraunen Griff erkenne ich doch im Schlaf – wo wird er denn wohl sein?“, murmelt er. Er setzt seine Brille auf und durchforstet die Schubladen: „Nichts zu sehen ...“, stöhnt er. „Das Ding habe ich jetzt schon so viele Jahre, das wird doch wohl nicht weggekommen sein!“ Auch in den Schränken findet er es nicht.

Dieser Gegenstand für die Körperpflege ist für Egon eigentlich der wichtigste. Er benutzt ihn mehrmals am Tag und trägt ihn oft sogar bei sich. Durch seine handliche Größe und flache Form passt er fast überall hinein.

Er schaut in den Spiegel: „Wenn ich ihn jetzt nicht finde, werde ich heute ganz schön zerzaust aussehen“, denkt er und fährt mit den Fingern durch seine Haare. Egon seufzt. In dem Moment klopft es an der Badezimmertür. Egon öffnet sie. Ute streckt ihm das gesuchte Utensil entgegen. „Schau“, sagt sie, „den habe ich gerade unten auf der Kommode liegen sehen und dachte, du brauchst ihn sicherlich.“

Egon lächelt erleichtert und streicht über die Zinken. Ja natürlich, er hatte ihn gestern aus seinem Sakko genommen und dann anscheinend unten vergessen. Egon tut es leid, dass er Ute verdächtigt hatte.

Er gibt ihr einen Kuss auf die Stirn: „Danke, mein Schatz. Den habe ich schon gesucht!“ Nun kann er endlich mit seinem Morgenritual weitermachen. Gleich muss er auch schon ins Büro.

Was hat Egon heute Morgen im Badezimmer gesucht?

Lösung: Seinen Kamm.

IRMTRAUD IM HÄKELFIEBER

Irmtraud setzte sich in ihren gemütlichen Sessel mit den breiten Armlehnen. Häkeln ist Irmtrauds große Leidenschaft, und für heute hatte sie sich ein ganz besonderes Projekt vorgenommen. Für ihren Sohn Karl. Der hatte sich das tatsächlich von ihr gewünscht. Dass junge Leute von heute auf die Idee kamen, so etwas zu benutzen! Irmtraud musste schmunzeln. Als Jugendlicher hatte Karl sich immer darüber lustig gemacht, was sein Vater Willi so spazieren fuhr.

Heute war Karl selbst beruflich viel mit dem Auto unterwegs und manchmal hatte es seine Vorteile, die eigenen Hilfsmittel mit zur Tankstelle zu nehmen. Aber es war nun mal so, dass ein geeigneter Aufbewahrungsort im Auto fehlte, und so sollte das Mitführen doch wenigstens dekorativ gestaltet werden.

Irmtraud suchte passende Wolle aus. Sie griff zu zwei Wollknäueln in verschiedenen Blautönen. Ein blaues Muster würde sich bestimmt gut im Dienstwagen ihres Sohnes machen.

Als Erstes fertigte sie einen kleinen Bommel zur Verzierung ihres Kunstwerks. Den Bommel machte Irmtraud aus der dunkleren Wolle. Danach ging es los: Fünf Luftmaschen wurden mit einer Kettmasche zu einem Ring geschlossen, dann folgten feste Maschen und das Werkstück nahm nach und nach Formen an. In Ringen in den beiden Blautönen reihten sich die Maschen aneinander. Dann waren die Seiten dran. Auch hier reihten sich die Maschen schon bald untereinander. Am Ende befestigte Irmtraud den zuvor gefertigten Bommel.

„Für wen ist denn das? So einen kleinen Kopf hat bei uns doch niemand!", fragte ihr Mann Willi, der gerade in das Wohnzimmer kam. „Das ist doch nicht für den Kopf!", erwiderte Irmtraud lachend.

Was hat Irmtraud gehäkelt?

Lösung: Eine Klorollenmütze für das Auto.

HEDDAS LIEBLINGSBUCH

Heddas Lieblingsbuch ist schon sehr alt. Doch sie liest immer wieder gerne darin. Auch wenn sie die meisten Geschichten daraus schon fast auswendig erzählen kann.

Früher in der Schule musste sie sogar Texte aus dem Buch frei vor ihren Klassenkameraden vortragen. Wenn sie sich an diese Zeit erinnert, fällt ihr ein, dass sie das Buch nicht immer gemocht hat. Im Gegenteil: In ihrer Kindheit kamen ihr manche Geschichten äußerst fremd, ja sogar wundersam vor. Doch schnell gelang es ihr, die Bedeutung hinter den Texten für sich zu verstehen.

Als sie erwachsen wurde, hat sie sich viel mit den Menschen um sich herum darüber unterhalten. Besonders an den Feiertagen wurde ihr Lieblingsbuch – und wird es bis heute – oft aus dem Regal genommen und die passende Geschichte daraus vorgelesen. Zu vielen Erzählungen gibt es sogar mehrere Texte von verschiedenen Verfassern.

Für ihre Kinder und Enkelkinder ist Heddas Lieblingsbuch nicht ganz so wichtig wie für sie selbst. Das macht ihr aber nichts aus. Sie weiß, dass sich die Zeiten ändern. Und dass sie ihren Kindern trotzdem wertvolle Gedanken und wichtige Worte aus den Texten mitgegeben hat.

Heddas Buch ist nicht groß, aber dafür sehr dick. Es ist ganz schlicht und ohne goldene Schnittverzierungen. Die braucht Hedda nicht. Ihrem Lieblingsbuch soll man sein Alter und die Tatsache, dass sie oft darin liest und manchmal auch daraus betet, ruhig ansehen.

An Sonntagen lässt sie sich gerne von jemand anderem daraus vorlesen. Jenes Exemplar ist größer und prachtvoller als ihres. Die Botschaft ist jedoch dieselbe.

Wie heißt Heddas Lieblingsbuch?

Lösung: Die Bibel.

ÜBER DEN WOLKEN

Jakob mag seinen Beruf. Er ist jetzt schon über dreißig Jahre dabei und geht immer noch jeden Morgen gerne zur Arbeit. Er ist jeden Tag an der frischen Luft. Meist schwebt er hoch oben über der Stadt. Oder über dem Feld. Je nachdem, wohin es ihn im Rahmen seiner Aufträge verschlägt und wo ihn seine Kollegen gerade brauchen.

Jakob arbeitet zwar in luftiger Höhe, ist aber kein Pilot. Meist bleibt er für mehrere Tage oder sogar Wochen an ein und demselben Ort. Dann wird wieder alles abgebaut, und er fährt weiter an einen anderen Ort.

In seinem Beruf ist es wichtig, dass Jakob sich mit Sicherheitsvorschriften auskennt. Bevor er seinen Dienst an einem Einsatzort beginnt, muss alles vorschriftsmäßig und mit großer Sorgfalt aufgebaut sein. Da es sich dabei um große und schwere Teile handelt, helfen ihm einige Kollegen beim Transport und Aufbau des Materials.

Um an seinen endgültigen Arbeitsplatz zu kommen, muss Jakob einen hohen Turm hinaufklettern. Wie alle seine Kollegen trägt er einen Schutzhelm. Oben angekommen, arbeitet er alleine. Er ist aber immer mit seinen Kollegen unten in Kontakt. Sie müssen sich aufeinander verlassen können. Und das können sie! Ein schönes Gefühl, findet Jakob – ein Gefühl, das verbindet.

In seiner Kabine hat er einen besonders guten Überblick auf das Gebiet, in dem sie sich befinden, auf seine Kollegen und all die anderen Fahrzeuge. Während er arbeitet, bedient er Hebel und Schalter. Ganz genau beobachtet er die Laufkatze und sorgt dafür, dass das Hubseil gut geführt wird. Seinen Kollegen unten am Boden ist er eine große Hilfe, besonders beim Transport von schweren und großen Gegenständen. In der Mittagspause klettert Jakob den hohen Turm wieder hinunter.

Wenn sein Einsatzort weit weg von zu Hause ist, bleibt er manchmal dort und fährt nach Feierabend nicht heim. Dann lässt er den Abend gemeinsam mit seinen Kollegen ausklingen. Am Wochenende freut er sich dann wieder auf seine Familie.

Welchen Beruf übt Jakob aus?

Lösung: Er ist Kranführer.

EINE KÄSEPLATTE FÜR ALFRED

Alfred liebt Käse zum Dessert. Vor allem, wenn sein Lieblingskäse darauf vertreten ist. Heute kommt er wieder einmal in den Genuss. Seine Frau Claudia und er sind zu Hans' siebzigstem Geburtstag eingeladen.

Noch bevor das Buffet im Gemeindesaal ganz aufgebaut war, hat Hans ihm ins Ohr geflüstert, dass es eine Käseplatte zum Dessert geben werde. Sofort hat sich ein wohliges Gefühl in Alfreds Bauch ausgebreitet. Seitdem denkt er nur an die Käseplatte.

Das Buffet lässt wirklich keine Wünsche offen: verschiedene Salate als Vorspeise, Rinderbraten Gemüsemaultaschen und Forelle mit verschiedenen Beilagen als Hauptgang. Als Claudia mit ihrer zweiten Portion vom Buffet zurück an den Tisch kommt, stutzt sie, denn Alfred hat nach einem Teller Rinderbraten mit Kartoffelgratin schon das Besteck zusammengelegt. „Bist du schon satt?", fragt sie ungläubig. Alfred lächelt breit: „Ich lasse noch Platz für den Nachtisch!"

Alfred überlegt: „Ob sein Lieblingskäse auf der Platte sein wird? Sauermilchkäse? Goldgelb und rund?" Oder ob es wohl nur Käsewürfel und den klassischen Camembert gibt? Emmentaler wäre auch in Ordnung. Viel lieber isst er aber den zu einer Rolle geformten Käse, den er das erste Mal auf einer Geschäftsreise in Hessen gegessen hat. Es war Liebe auf den ersten Bissen. Mit Kümmel – ein Gedicht! Alfred läuft bei dem Gedanken daran schon wieder das Wasser im Mund zusammen. Der Käse muss nicht ganz durchgezogen sein, Alfred genießt ihn gerne, wenn er noch einen festen Kern hat.

Aus den Augenwinkeln beobachtet er das Geschehen am Buffet. Und siehe da, nach gar nicht allzu langer Zeit, bemerkt er, wie eine große Käseplatte aus dunklem, dickem Holz aufgefahren wird. Am liebsten würde Alfred sofort loslaufen, er zügelt sich aber, als er Claudias Blicke wahrnimmt.

Alfred zählt langsam bis zehn. Dann steht er auf und geht so gemächlich wie möglich zu dem Teil des Buffets, an dem das Dessert aufgebaut ist. Und tatsächlich, da liegt sein Lieblingskäse. Eine goldgelbe Rolle, nicht zu weich und mit etwas Kümmel bestreut. Alfred schneidet sich eine dicke Scheibe davon ab. Er nimmt eine Scheibe Brot, einige Weintrauben und ein Stück Emmentaler dazu und geht voller Vorfreude wieder zu seinem Platz. Claudia muss grinsen, lässt sich aber nichts anmerken.

Alfred genießt seinen Lieblingskäse und denkt dabei wieder einmal an das Abendessen auf seiner Geschäftsreise, als ihm der Käse mit Musik serviert worden ist. Aber das ist eine andere Geschichte ...

Welche Käsesorte ist Alfreds Lieblingskäse?

Lösung: Harzer Käse („Handkäs mit Musik“).

SAMSTAGABEND

Anneliese und Wolfgang freuen sich auf den heutigen Abend. Es ist Samstagabend, kurz vor 19 Uhr. Die beiden haben sich fein gemacht. Wolfgang steht schon abfahrbereit in der Diele. Anneliese legt gerade ihre Kette an und tupft sich ihren Lieblingsduft an den Hals und hinter die Ohrläppchen. Vor dem Spiegel im Bad zieht sie noch einmal ihren Lippenstift nach und schlüpft anschließend in ihre hochhakigen Schuhe.

Dann machen sich die beiden auf den Weg. Wie immer vor solchen Veranstaltungen fragt Anneliese ihren Mann bevor sie losfahren: „Hast du die ...?". Wolfgang unterbricht sie lächelnd: „Ja selbstverständlich!"

Im Parkhaus sind noch jede Menge Plätze frei. Die beiden sind etwas früher losgefahren, um noch ein Glas Wein im Foyer zu trinken. Sie sind nicht die Einzigen, die diese Idee hatten. An der Bar sind aber noch einige Plätze frei. Die beiden setzen sich und schauen in Ruhe zu, wie der Vorraum sich langsam füllt. Als Wolfgang gerade den letzten Schluck Wein aus seinem Glas nimmt, ertönt ein Gong.

Die beiden machen sich auf den Weg nach oben. Um die Treppe hinaufgehen zu dürfen, müssen sie zwei Karten vorzeigen, die Wolfgang in der Innentasche seines Sakkos bei sich trägt. Oben gehen sie in einen großen Saal, der mit zahlreichen Sitzmöglichkeiten ausgestattet ist. Diese haben Nummern. Anneliese und Wolfgang vergleichen die Nummern mit der Beschriftung auf den Karten. Nach kurzer Zeit setzen sie sich. Ein roter Samtvorhang hängt von der Decke bis auf den Boden herab.

Erst als das Licht im Saal erlischt, öffnet sich der Vorhang. Dahinter erscheinen Personen in Kleidung, die nicht gerade der aktuellen Mode entspricht. Sie erzählen etwas, sprechen miteinander, laufen hin und her und lassen eine Geschichte lebendig werden.

Als die Geschichte zu Ende ist, schließt sich der Vorhang wieder. Alle Leute stehen auf und applaudieren. Anneliese und Wolfgang sehen sich an. Das war wirklich ein gelungener Abend!

Wo verbringen Wolfgang und Anneliese ihren Samstagabend?

Lösung: Im Theater.

EIN NEUES MÖBELSTÜCK

Schon als Hugo ins Haus kommt, merkt er, dass irgendetwas anders ist als sonst. Im Flur stellt er seine Aktentasche an die Wand und schaut wie gewohnt die Post durch – der Postbote hat nur Rechnungen eingeworfen. Er legt die Briefe beiseite und geht in Richtung Wohnzimmer. Es ist ungewöhnlich still. Normalerweise begrüßt ihn seine Frau Karin schon an der Haustür. Heute ist der Korridor leer.

Karin steht mit dem Rücken zu ihm im Wohnzimmer. Er klopft an den Türrahmen. „Ach, ich hab' dich ja gar nicht kommen hören!", sagt sie und umarmt ihn stürmisch. Dann dreht sie sich um und macht eine präsentierende Geste: „Schau, da ist er!"

Hugo muss kurz überlegen. Dann erinnert er sich. Ja, gewiss doch. Karin hatte das neue Möbelstück angekündigt. Aber dass es heute gebracht werden sollte, hatte er vergessen. Der besondere Schrank ist von ihrer Mutter. Schon seit einigen Jahren schwärmt Karin davon – von den aufwändigen Verzierungen der Schubladen und den liebevoll abgerundeten Kanten. Eine ganze Zeit stand er im Keller ihres Elternhauses. Nun darf das Möbelstück in ihr eigenes Zuhause einziehen. Karins Bruder hat es in seiner Schreinerei etwas aufbereitet und heute vorbeigebracht.

Karin ist überglücklich. Immer wieder schaut sie sich die vertrauten Sortier- und Schubfächer an und klappt den Deckel auf und zu. Sie hat sogar schon Briefpapier und ihren guten Füllfederhalter hineingelegt.

Hugo ist noch ein wenig skeptisch. Ob dieses Möbelstück wirklich in ihr Wohnzimmer passt? Und welchen Stuhl soll man dazu stellen? Doch da zieht Karin schon einen der Esszimmerstühle davor und setzt sich. Sie nimmt ihren Füllfederhalter in die rechte Hand, schwingt ihn hin und her und tut so, als würde sie einen Brief schreiben. „Wie glücklich sie aussieht", denkt Hugo und kann sich das Lächeln nicht verkneifen. „Alleine dafür müssen wir ihn dort stehen lassen."

Und schon ist er überzeugt, dieses Möbelstück passt genau in ihr Wohnzimmer.

Welches neue Möbelstück steht in Karins und Hugos Wohnzimmer?

Lösung: Ein Sekretär.

KARL AUF DER SUCHE

Karl hat es satt. Ständig fehlen auf seinem Schreibtisch Büromaterialien. Erst letztens hat er wieder einmal ein neues Paket Bleistifte besorgt. Zwölf Stück waren darin. Jetzt, etwa eineinhalb Wochen später, liegen nur noch zwei Bleistifte in seiner Schreibtischschublade. Wohin die restlichen ihre Reise angetreten haben, weiß er nicht.

Natürlich hat er seine Kollegen im Verdacht. Wie oft sagen sie ihm, dass sie so einen perfekt aufgeräumten Schreibtisch auch gerne hätten. Einen Schreibtisch, auf dem man alles gleich wiederfinden würde. Und der so gut ausgestattet sei.

Gewiss ist Karl ein wenig stolz auf seinen Arbeitsplatz. Aber es ist auch mit viel Mühe verbunden, ihn täglich aufzuräumen. Nicht umsonst bleibt Karl fast immer 15 Minuten länger im Büro als seine Kollegen.

Heute fehlt Karl wieder etwas auf seinem Schreibtisch. Schon dreimal hat er nachgeschaut, ob er nicht doch noch eine in dem Spender findet. Aber die Suche war auch beim dritten Mal vergeblich. „Groß sind die Dinger ja nicht", murmelt er, während er Papier für Papier anhebt, um doch noch einen von den gebogenen Metalldrähten zu entdecken. „Aber eine wird hier doch wohl noch zu finden sein!" Er sieht in den Schubladen nach – ohne Erfolg. Auch unter dem Briefpapier, in der Schachtel mit den Reißzwecken und am

Stempelträger sind keine zu sehen. Karl überlegt. Irgendwie muss er die sechs Blätter aber jetzt aneinander befestigen. Und sie sollen auch wieder auseinandergenommen werden können. Heftklammern sind dafür also nicht zu gebrauchen.

Auf einmal kommt ihm eine Idee. Warum soll er es nicht auch einmal so machen wie seine Bürokollegen? Er steht auf, rückt seinen Gürtel zurecht und stattet seinen Kollegen einen Besuch ab. Er unterhält sich kurz und nett mit jedem von ihnen und nimmt von jedem Schreibtisch ein paar der kleinen Helferlein mit. Als er nach knapp einer halben Stunde wieder an seinen Arbeitsplatz zurückkehrt, kann er eine Handvoll davon in seinen Spender legen. Und endlich auch die Papiere aneinander befestigen. Karl lehnt sich zurück und nickt. „Geht doch!“, murmelt er und lächelt verschmitzt.

Welche Büromaterialien hat Karl auf seinem Schreibtisch vermisst?

Lösung: Büroklammern.

LAURA STEHT VOR DEM SPIEGEL

Laura ist ganz nervös. Ob sie wirklich an alles gedacht hat? Hektisch schaut sie in den Spiegel und zupft an einer Haarsträhne herum. Sie fühlt sich wie vor ihrem ersten Schulball. Nein, schlimmer, wie vor ihrer letzten Prüfung zur Sozialversicherungsfachangestellten. So ähnlich, nur noch ein wenig aufgeregter – aber mit vielen Schmetterlingen im Bauch.

Laura geht noch einmal alle Punkte auf ihrer Liste durch, die sie sich aufgeschrieben hat. Es scheint wirklich alles erledigt zu sein: Das Essen ist vorbereitet, die Tische sind gedeckt und dekoriert und die Gäste sollten jeden Augenblick eintreffen.

Ihre Mutter kommt ins Zimmer. Sie sieht zufrieden und entspannt aus. Als sie Laura so grübelnd vor dem Spiegel stehen sieht, geht sie zu ihr und lächelt sie an. Sie umarmt ihre Tochter: „Das wird ein großartiger Tag. Ihr habt alles gut vorbereitet. Selbst das Wetter ist traumhaft. Und du siehst wunderschön aus!", versucht sie Laura zu ermutigen. Laura lächelt zurück, ein wenig verkrampft, aber sie lächelt. Sie atmet einmal tief durch und zieht ihre Schuhe an. Der Riemen ist noch etwas fest, die Schuhe sind neu. Aber es gelingt ihr gut, die Schnalle zu schließen. Bei dem Armband hilft ihr ihre Mutter. Laura hat sie letzte Woche gefragt, ob sie es sich für heute von ihr leihen darf. Selbstverständlich darf sie! Laura zupft noch das blaue Strumpfband zurecht und prüft, ob die alte Haarspange ihrer Großmutter richtig sitzt.

Laura betrachtet sich und ihre Mutter im Spiegel. Ihre Mutter sieht sehr glücklich aus. Und auch ihre Gesichtszüge haben sich entspannt. Sie lächeln sich an. „Wollen wir?", fragt ihre Mutter. „Dein Liebster wartet schon auf dich!"

Laura atmet einmal tief ein und aus und nickt erleichtert. Dann gehen sie in Richtung Tür.

Welchen Tag feiert Laura heute?

Lösung: Ihre Hochzeit.

EGONS LIEBLINGSKUCHEN

In Janas Küche sieht es aus wie in einer Backstube. Auf der Arbeitsplatte liegen Backbleche, Mehlreste, Zucker, Eierschalen, die Dose mit dem Puderzucker, Rührbesen, das große Nudelholz, und, und, und.

Morgen kommen ihre Freundinnen zum Kaffeeklatsch. Dafür backt sie Kuchen. Gleich zwei Stück. Jana backt gerne und sie kann sich nie entscheiden, welchen Kuchen sie nun machen soll. Deshalb sucht sie sich meist zwei Rezepte aus ihrem dicken Ordner aus. Den ersten Kuchen – einen Erdbeerkuchen – hat sie bereits fertig gebacken und belegt. Er steht zum Festwerden auf dem Balkon.

Nun macht sie sich an das zweite Rezept. Jana wiegt Butter und Zucker ab und gibt beides mitsamt Eiern und einer Prise Salz in die Rührschüssel. Dann schlägt sie die Masse schaumig auf. Bevor sie das Mehl abwiegt, macht sie den Ofen an, damit er schon vorheizen kann. Nun wiegt sie aber wirklich das Mehl ab, vermengt es mit zwei Teelöffeln Backpulver und gibt die Zutaten ebenfalls in die Rührschüssel.

Als sie gerade mit dem Vermengen der Zutaten fortfahren möchte, kommt ihr Mann Egon in die Küche. Er reckt seinen Hals und schnuppert. „Ist der Kuchen schon fertig?“, fragt er neugierig. Jana schmunzelt: „Nein, du Schleckermaul, aber du darfst mir gerne beim Rühren helfen!“ Sie hält ihm den

Handmixer hin. Egon zögert kurz, tritt dann aber in Aktion. Am Ende ist ein glatter, heller Teig entstanden, den Jana in die gefettete Form geben kann. Allerdings nur zur Hälfte.

Die andere Hälfte vermischt sie mit Kakao und Milch, so dass der Teig schön braun und geschmeidig wird. Anschließend gibt sie den dunklen Teig auf den hellen in die Form und wirbelt einige Male mit einer Gabel durch die Masse, sodass ein schönes Muster entsteht. Jetzt kann sie die Backform in den Ofen schieben.

Egon freut sich schon, denn es ist sein Lieblingskuchen. Und er fragt sich, ob die Damen ihm morgen wohl ein Stück davon übriglassen werden. Jana liest an seinen Augen ab, worüber er gerade nachdenkt und schmunzelt. „Es bleibt bestimmt etwas für dich übrig!", sagt sie im Vorbeigehen und legt ihre Hand auf seine Schulter. Dann beginnt sie mit dem Abwasch.

Wie heißt Egons Lieblingskuchen?

Lösung: Marmorkuchen.

DER LADEN IN DER TORGASSE

Rudi läuft nervös durch die Fußgängerzone. Morgen ist Hannas Geburtstag und er hat immer noch kein Geschenk für seine Angetraute. Er weiß ungefähr, was es sein soll. Aber das Richtige hat er noch nicht gefunden.

Hanna hat ihm im letzten Jahr ganz oft beim Schaufensterbummeln Dinge gezeigt, die ihr gefallen. Rudi hat sich alles mit Argusaugen angeschaut und sich für das kommende Geburtstagsgeschenk ziemlich sicher gefühlt. Aber nun, wenn er durch die Schaufensterscheibe sieht, findet er einfach nichts, was ihren Wünschen auch nur ähnlich sieht. Und auch nichts, was ihm selbst für Hanna gefallen würde. Rudis Schritte werden langsamer. Er weiß nicht, wo er noch schauen könnte.

Ratlos steuert er das nächste Café an und bestellt eine Tasse kräftigen Bohnenkaffee. Vielleicht bringt der ihn auf neue Gedanken. Rudi trinkt seinen Kaffee und beobachtet das Treiben in der Fußgängerzone. Es ist Freitag. Auf dem Kirchplatz ist der Wochenmarkt aufgebaut. Dort herrscht reges Treiben. In den Nebengassen aber ist es ruhig. Ein paar Geschäftsmänner haben gerade Mittagspause. Andere sehen aus, als hätten sie jetzt am Freitagmittag schon Feierabend. Gedankenverloren lässt Rudi seinen Blick über den Marktplatz schweifen.

Da fällt ihm plötzlich auf, dass er den kleinen Schmuckladen in der Torgasse ganz vergessen hat. Wie vom Blitz getroffen steht er auf, trinkt den letzten Schluck aus seiner Kaffeetasse, legt großzügig Trinkgeld auf die Untertasse und geht geradewegs zu dem Laden. Es dauert nicht lange und er hat im Schaufenster das perfekte Geburtstagsgeschenk für Hanna entdeckt. Roségold mit kleinen Kristallen. So wie ihre Kette. Und passend zu ihrem hellen, rosafarbenen Schal.

Rudi kann sein Glück kaum fassen und geht in den Laden. Die Verkäuferin ist von seiner Entschlossenheit verblüfft und zeigt ihm die beiden Schmuckstücke aus dem Schaufenster. Rudi ist begeistert. Ja, das sind die richtigen für Hanna. Er lässt sich das Paar in schönes Geschenkpapier einpacken und schlendert erleichtert und überglücklich über den Marktplatz. Mit einem Schmunzeln auf den Lippen überlegt er, was für ein Gesicht Hanna morgen machen wird.

Welches Geschenk hat Rudi für seine Hanna in dem Schmuckladen gekauft?

Lösung: Ein Paar Ohrringe.

DIE NEUE FREUNDIN

Johannas kleine Schwester wird heute getauft – Leonie. Johanna ist schon ganz aufgeregt. Endlich kommt einmal wieder die ganze Familie zusammen. Sie freut sich auf die Omas und Opas, Onkel und Tanten, die sie schon lange nicht mehr gesehen hat. Sogar ein paar Nachbarn sind eingeladen.

Der Taufgottesdienst gefällt ihr sehr. Sie darf mithelfen, ihrer Schwester Leonie das Taufkleid anzulegen und die Taufkerze anzuzünden – mit Papa zusammen. Johanna ist sehr stolz und auch der kleinen Leonie scheint es zu gefallen. Sie schläft die ganze Zeit und scheint vollkommen zufrieden zu sein.

Später am Nachmittag, nachdem das leckere und üppige Mittagessen vorbei ist, wird es Johanna jedoch ein wenig langweilig. Bis auf ein Mädchen, das Johanna nicht kennt, sind keine Kinder zum Spielen auf der Feier. Leonie schläft die meiste Zeit, sie ist ja noch klein.

Johanna geht zu ihrer Mama. Die sagt, Johanna solle das Mädchen einmal fragen, ob es mit ihr spielen wolle. Ihr sei gewiss auch langweilig und sie kenne Johannas Kinderzimmer noch gar nicht. Johanna traut sich nicht so richtig, deshalb geht ihre Mama mit. Das Mädchen heißt Klara und sitzt bei Johannas Tante auf dem Schoß. Johanna findet Klara sofort sympathisch, und auch Klara möchte gerne mit Johanna spielen. Johanna zeigt Klara ihr Zimmer. Ihre Tante kommt mit. Johanna findet das schön. Denn seit ihre Tante vor ein paar Jahren in eine weit entfernte Stadt gezogen ist, hat sie sie nicht mehr gesehen.

Klara bewundert die vielen Pferdefiguren, die in dem kleinen Holzstall stehen. Und Johannas Puppensachen. Auch der Teddy hat es Klara angetan. Er sei viel weicher als ihr eigener, sagt sie.

Die beiden vergessen beim Spielen die Zeit und sind überrascht, als Johannas Tante sie zum Abendessen holen möchte. „Ach Mama", sagt Klara, „wir spielen noch fünf Minuten, dann kommen wir. Ehrlich." Ihre Augen werden dabei ganz groß. Johannas Tante lächelt. „In Ordnung", antwortet sie sanft, „aber dann kommt ihr wirklich, versprochen?" Die beiden Mädchen nicken brav und sagen im Chor: „Versprochen!" Dann füttern sie noch schnell Puppe und Teddy und gehen zusammen zum Abendbrottisch, wo die Erwachsenen extra zwei Stühle nebeneinander für die beiden Mädchen freigehalten haben.

In welchem verwandtschaftlichen Verhältnis stehen Klara und Johanna?

Lösung: Sie sind Cousinen.

DER NEUE FITNESSTREND

Machen wir uns nichts vor: Der Sommer naht und die Spuren des Winters sind noch deutlich zu sehen. Damit meine ich nicht den Schnee, der ist lange geschmolzen. Was ich meine, sind die Fettröllchen an meiner Taille, ein bisschen Sonne reicht nicht, um das zum Schmelzen zu bekommen. Weihnachtsplätzchen, festliche Menüs und andere Sünden der kalten Jahreszeit haben mir hartnäckige Polster beschert. Doch ich bin motiviert. Der Sommer und der Bikini dürfen ruhig kommen.

Der neueste Bauchweg-Fitnesstrend ist nun auch bei mir angekommen. Mein neues Sportgerät habe ich bereits bestellt, und die Pfunde werden bei mir genauso purzeln, wie sie es bei meiner Freundin Heidi getan haben. Als sie mir erzählt hat, womit sie seit Neustem trainiert, konnte ich es erst gar nicht glauben. Das kenne ich noch aus den Siebzigerjahren.

Ob ich es wohl noch richtig benutzen kann? Als Kind habe ich Stunden mit so einem Teil verbracht. Damals natürlich nur zum Spaß und nicht, um meine Figur zu formen. Meins hatte rosa und lila Streifen, die Streifen haben sogar geglitzert. Es war sehr modern, dieses Gerät zu benutzen. Allerdings habe ich danach lange nichts mehr davon gehört. Jetzt scheint es wieder angesagt zu sein. Mich freut es, die Auswahl war riesig. Natürlich habe ich mir diesmal ein etwas schlichteres Modell ausgesucht. Es ist weiß, türkis und glitzerfrei. Wenn es ankommt, werde ich sofort loslegen. Mal schauen, ob ich gleich am Anfang ein paar Runden schaffe. Mit dem richtigen Schwung wird es mir schon nicht auf die Füße fallen. Aber selbst wenn es am Anfang nicht sofort klappen sollte, habe ich bestimmt schon bald wieder den richtigen Dreh raus. Und wenn ich den Dreh dann raushabe, wird das Fett anfangen zu schmelzen.

Welches Sportgerät habe ich mir bestellt, um die Pfunde purzeln zu lassen?

Lösung: Einen Hula-Hoop-Reifen.